애착-관계 워크북

최서윤 · 육정원 공저

박영story

Re: Mind, Re: Base, Re: Attachment

MBA
애착-관계 마음성장 워크북

관계를 알고 싶은

관계를 잘하고 싶은

관계를 새롭게 맺고 싶은

관계를 안전하게 이어가고 싶은

관계를 넓히고 싶은

나를 위한 책

그래서 나를 더 잘 돌보기 위한 책

Re: Mind, Re: Base, Re: Attachment

나의 마음을 돌보고, 나의 안전기지를 찾아,

나의 애착-관계를 재구성하기!

MBA 애착-관계 마음성장 워크북

본 프로그램은 대인관계에서 어려움을 겪는 이들이 나의 애착-관계를 다시 살펴보고, 더 나은 관계로 발전하기를 원하는 성인들의 마음성장을 위해 만들어졌습니다. 프로그램의 이름인 'MBA'는 Re: Mind, Re: Base, Re: Attachment의 앞 글자입니다. 앞에 붙여진 접두사 'Re'는 'Relationship(관계)'과 '다시', '되돌아감'의 두 가지 의미를 담고 있습니다.

본 프로그램 워크북은 총 세 부분으로 나누어져 있습니다.

Part 1. <Re: Mind>는 나의 어린 시절을 떠올려 보는 시간입니다. '어린 나'의 마음으로 되돌아가 양육자와의 관계를 돌아보며 애착-관계 유형을 탐색하고 확인하는 것에서부터 출발합니다. 나의 애착-관계가 어디서부터 시작되었는지를 탐색하기 위해 이전의 삶을 되짚어 돌아보고, 현재 나의 삶과 관계에 연결해 보는 내용으로 구성되어 있습니다.

Part 2. <Re: Base>는 어린 시절 경험하였던 양육자와의 관계에서부터 성인이 된 현재의 관계까지 느껴 왔던 안전기지를 탐색해 봅니다. 그리고 현재 나의 삶에 가장 큰 영향을 미치는 나의 안전기지를 찾아봅니다. 만일, 안전기지가 없다고 느껴진다면 나의 심리정서적 불안을 낮추고 편안함을 느낄 수 있는 대상 또는 장소, 물건들로 안전기지를 다시 만들어 가면서 단단하고 건강한 마음을 갖고, 자신을 잘 돌볼 수 있도록 도와주는 내용으로 구성되어 있습니다.

Part 3. <Re: Attachment>는 나의 '애착-관계 유형'을 안정형 유형으로 재구성하여 어렵고 불편하기만 했던 대인관계를 보다 성숙하고 편안한 관계로 성장시키기 위한 발돋움을 마련해 줍니다. 현재 나의 힘든 관계에 영향을 미치고 있다고 생각되는 사고, 정서, 행동 패턴을 알아차립니다. 그리고 이러한 내 마음을 돌보고 수용하면서, 새로운 관계 패턴으로 재구성하고 건강하게 나아갈 수 있는 방향을 설정하는 데 도움이 되는 내용으로 구성되어 있습니다.

본 워크북은 개인상담 또는 집단상담에서 상담 도구로 활용할 수 있습니다. 또한, 하루에 하나씩 주제를 따라가며 자신을 돌볼 수 있도록 쉬운 안내로 구성되어 있습니다. "RE: 마인드 애착-관계 카드"를 함께 활용한다면, 더욱 깊이 있는 자기 탐색과 돌봄, 그리고 성장을 경험할 수 있을 것입니다.

MBA 프로그램과 함께 '나를 돌보고, 성장하는 마음여행'을 순조롭게 마치실 수 있기를 온 마음을 다해 응원합니다. 여행을 마치는 그 순간 '~ 때문에'가 아닌 '~덕분에' 지금의 나로 살아가는 현재에 감사함이 가득하기를 기원합니다.

함께하는 모든 이들이 '애착에서 관계까지'의 여정으로
평안하길 바라는 마음에서

저자 최서윤, 육정원 드림

Intro

본 프로그램은 John Bowlby의 애착 이론에서 출발하여 구성되었습니다. Bowlby는 출생 후 양육자와의 상호작용에서 경험하는 정서적 유대감을 '애착'이라고 하였습니다. 생후 초기에 경험한 양육자의 돌봄과 애착 경험은 '내적작동모델(internal working model)'로 저장되어 자신과 타인에 대한 기대와 신념을 형성하며, 이후 성장 과정을 통해 사회·정서 발달과 대인관계에 영향을 주고, 이는 성인기의 삶까지 지속됩니다.

안정된 애착 경험은 양육자로부터 자신이 사랑받고 보호받고 있다는 정서적 안정감을 느끼게 하여 기본적 신뢰감과 자아존중감 발달에 영향을 줍니다. 이러한 초기 경험은 성장하는 중에도 지속적으로 영향을 주어 심리정서적 어려움이나 스트레스 상황에서도 이겨 낼 수 있는 마음의 힘과 자존감을 키워 주고, 실패를 했다 하더라도 다시 회복할 수 있는 탄력성을 발휘하게 합니다. 또한, 긍정적 애착 경험에서 발달한 타인에 대한 신뢰감은 사회적 상황에서 관계를 맺고, 유지하고, 확장하는 데 도움을 주어 성인기 대인관계 패턴에도 영향을 줍니다. 이는 자신이 소중한 존재임을 일깨워 주는 자기가치감(self-worth)을 발달시키기도 합니다.

Bowlby의 동료였던 Ainsworth는 애착 이론을 근거로 오랜 기간 수많은 모-아 상호작용을 관찰하고 연구한 임상자료를 활용하여 안정애착과 불안정애착(저항형, 회피형, 혼란형)으로 구분하였습니다.

후속 연구들도 이루어져 영유아기 애착 경험이 성인기까지 영향을 미친다는 결과들이 확인되었습니다.

성인이 된 나의 애착 유형을 탐색해 보는 것은 현재 내가 경험하고 있는 심리정서적 어려움과 대인관계 갈등의 근원을 찾고, 이를 통해 현재 관계를 보다 나은 관계로 발전시켜 재구성하는 데 도움을 줍니다. 이 과정 안에서 '내가 누구인가?'를 탐구하고, 정체성을 확립하여 진정한 "나"를 깨워 관계를 성장시키고, 더욱 성숙한 삶을 살아가기 위한 행복에 큰 도움이 될 것입니다.

MBA 프로그램은 성인기 애착과 대인관계 특징을 총 5가지의 '애착-관계 유형'으로 분류하였습니다.

안정형은 어린 시절 주 양육자와 긍정적인 연결감을 경험하며 성장한 사람들에게 보이는 심리정서적 안정감이 특징입니다. 낯선 사람과 환경에서도 적응하기 위해 자연스럽게 행동하고, 탐색하려고 합니다. 친밀한 사람들과 관계를 형성하며 일과 사랑에서도 적절한 성취감을 경험하고, 높은 자존감을 보입니다. 또한, 실패를 두려워하지 않고 도전하고, 실패했다 하더라도 다시 시도하는 과정에서 시행착오를 경험하면서 회복탄력성을 보입니다. 또한, 주변 사람들과의 안정된 관계를 위해 적극적으로 노력하는 모습을 보입니다.

안정형 유형의 키워드를 살펴보세요.

나를 표현하고 있는 키워드가 있다면 동그라미로 체크해 보세요.

헤아림	진정한 위로	안전한 관계	자기 가치
친밀감	공감	어울림	타인 수용
신뢰함	갈등 회복	자기 수용	유연함
상호 교류	연결감	함께 성장	안정감
존중	진정성	자기 돌봄	도움 관계

불안-의존형은 어린 시절 주 양육자와의 관계에서 충분히 괜찮은 엄마(good-enough mother)의 경험이 부족하였거나, 양육자의 따뜻한 돌봄을 경험하지 못한 상태로 성장하여, 애착 대상에게만 집착하고 의존하려는 경향을 보이는 것이 특징입니다. 이들에게 애착 대상이라 하더라도 서로 좋은 영향을 주는 상호작용을 하기보다는 일방적인 소통만 하게 됩니다. 또한, 이들은 수동적이거나 무력한 모습을 보이면서 상대방으로부터 관심받기를 원합니다. 그리고 자신에게만 상대방의 관심을 관철하려는 자기중심적인 행동을 하면서 매달리고, 애정만을 요구하는 모습을 보이기도 합니다.

불안-의존형 유형의 키워드를 살펴보세요.

나를 표현하고 있는 키워드가 있다면 동그라미로 체크해 보세요.

소심함	순응함	관계 불안	걱정 많음
예민함	거절에 대한 두려움	관계 집착	눈치 보기
끌려다님	경계심	관계 의존	외로움

불안-헌신형은 영유아기에 주 양육자와의 경험에서 충분한 돌봄을 받지 못했을 경우, 이와 반대로 성인이 되어 이전에 자신이 받고자 했던 돌봄 행동을 애착 대상에게 집착하며 보여 줍니다. 대상을 돌봄으로써 자신이 인정받고 사랑받으려는 모습을 보이는 것이 특징입니다. 자신의 모든 에너지를 다하여 대상을 돌봄으로써 헌신하면서 상대방에게 몰두합니다. 그러나 상대방이 이러한 자신을 인정해 주지 않거나 원하는 만큼 사랑을 주지 않는다고 느낄 때는 오히려 분노를 보이며, 자신의 부정적 감정을 투사하여 상대방에게 모든 잘못을 돌리는 모습을 보이기도 합니다.

불안-헌신형 유형의 키워드를 살펴보세요.
나를 표현하고 있는 키워드가 있다면 동그라미로 체크해 보세요.

헌신적	관계 밀착	과잉 배려	존재 확인
보살핌	희생	책임지기	인정받기
과몰입	관계 예민	마음 주기	버거움

회피-거리두기형은 주 양육자에게서 무관심 또는 지속적인 부정적 감정 교류를 경험하였을 경우 성인이 되어 대인관계에 무관심하거나 관심이 없는 것처럼 보이는 것이 특징입니다. 실제로 이들은 마음속 깊은 곳에서는 대인관계를 맺고 싶기도 하지만, 어린 시절 양육자에게 거절당한 경험이 심리적 외상으로 남아 '거절에 대한 두려움'을 느껴 일부러 친밀한 관계를 회피하는 모습을 보입니다. 몇몇 성인들은 자신의 감정을 인식하거나 표현하는 데 어려움을 느

끼기도 하고, 일부러 혼자 있으려고 하는 상황을 만들어 관계를 회피하는 모습을 보이기도 합니다. 그리고 주변에 따뜻하게 대해 주는 사람이 있다고 하더라도 쉽게 믿지 못하고 거리를 두며, 마음을 내어주려고 하지 않습니다. 오히려 외로움마저 혼자 견디려 하고, 사이가 가까워졌다 하더라도 친해지기까지 오랜 시간이 걸리는 모습도 보입니다.

회피-거리두기형 유형의 키워드를 살펴보세요.
나를 표현하고 있는 키워드가 있다면 동그라미로 체크해 보세요.

독립성	억압	관계 관심 부족	감정인식 어려움
차단하기	감정표현 어려움	침묵하기	불편감
거리 두기	혼자 있기	회피하기	

회피-자기중심형은 양육자의 무관심하고 부정적인 태도와 자신의 요구에 대한 양육자의 거절에 대한 경험이 누적되어 관계에서 분노를 쉽게 느낍니다. 이들은 관계 속에서 타인이 자신의 마음에 들지 않으면 일부러 반항하고, 복수심을 갖기도 하며, 상대방을 자기 마음대로 휘두르려는 지배적인 모습이 특징입니다. 특히, 상대방이 자기 뜻대로 따라 주지 않을 때 과하게 서운함을 보이거나, 분노를 보이고, 나에게 얼마나 맞춰 주느냐에 따라 상대방의 호의를 판단하려고 합니다. 또한, 주변 상황을 자기 마음대로 하기 위해 자기 마음에 드는 사람들하고만 지내려고 하여 대인관계의 폭이 좁고, 타인과 뜻이 맞지 않는 경우 타협하거나 문제를 해결하기보다는

관계를 회피하고, 아예 그 관계를 끊어 버리며 단절하는 경우도 종종 보입니다.

회피-자기중심형 유형의 키워드를 살펴보세요.

나를 표현하고 있는 키워드가 있다면 동그라미로 체크해 보세요.

우월감	특권의식	지시적	자기중심
타인 조정	무시하기	판단적	모욕감
힘겨루기	직설적	이기심	

차례

01 Re: Mind

02 Re: Base

03 Re: Attachment

PART

01

Re: Mind

현재 나의 모습과 내가 맺는 관계 패턴은 대부분 어릴 적 나와 함께 했던 양육자와의 관계에서 영향을 많이 받았습니다. 어린 시절 나의 양육자, 주로 부모님과 어떤 관계를 맺어 왔는지를 살펴보는 것은 현재를 살아가고 있는 나의 삶의 태도를 인식하고, 더 나은 방향으로 변화시키기 위한 열쇠가 될 수 있습니다.

나를 길러 준 부모님 혹은 양육자는 어떤 분들이었는지 떠올려 보세요.
그리고 그분들이 나를 소중하게 살펴 준 경험과 나를 속상하게 했던 경험을 통해 어린 시절의 내가 느꼈던 감정이나 생각들은 무엇이었는지 떠올려 보세요.
너무 애쓰지 않아도 괜찮습니다. 기억이 나지 않으면 나지 않는 대로, 떠오르는 만큼 내가 할 수 있는 것들만 하셔도 됩니다.

내가 누구인지, 지금까지 어떤 관계들을 맺어 왔는지 그리고 과거의 관계가 현재의 나에게 어떤 영향을 미쳤는지 알아가는 방법이 쉽지는 않습니다. 천천히 하루에 하나씩, 또는 이틀에 하나씩, 때로는 일주일에 하나씩 알아가 보도록 해요.
혼자 마주하기 힘들 수도 있어요. 내 자신을 위해 앞으로 나아갈 수 있도록 도와드리겠습니다. 지금부터 한 걸음, 한 걸음씩 따라오세요. 빠르게 달릴 필요는 없습니다. 나의 속도에 맞게 따라오시면 됩니다.

마음 다시보기 하나. 나의 애착-관계 유형 탐색
마음 다시보기 둘. 나의 애착, 그리고 관계
마음 다시보기 셋. 애착과 관계 사이의 나
마음 다시보기 넷. 나의 역사, 나의 삶
마음 다시보기 다섯. 애착 관계의 기틀: 나의 부모
마음 다시보기 여섯. 관계의 뿌리: 나의 애착 나무
마음 다시보기 일곱. 나의 애착-관계의 시간
마음 다시보기 여덟. 내적습관 변화시키기

Part 1

마음을 여는 詩

눈을 뜰 때마다
나를 돌봐 주던
따스한 손길
부드러운 숨결
말없이 전해지던 온기
그리고 밝은 빛

낮에는 햇살 같은 미소로
밤에는 별빛 같은 속삭임으로
비바람이 세차게 불어와도
차가운 냉기가 얼어붙게 할지라도
언제나 나를 품어주던 온기
나를 비춰 주던 밝은 빛...

그 온기가
내 마음 안에서
나를 감싸 안아
밝은 빛으로 나를 이끌어

이제 나는 알아
그 첫 손길이
내 모든 삶의 시작이었음을
그 빛이 나의 삶이 되었음을

마음 다시보기 하나

나의 애착 - 관계 유형 탐색

'애착'은 이 세상에 태어난 존재감을 느끼게 해 주는 마음의 힘이자,
삶을 살아가는 데 있어 든든한 심리적 영양분입니다.
애착은 우리가 알고 있듯이
생후 초기 양육자와의 상호작용 경험에서 영향을 받습니다.
지금은 전혀 생각나지 않는 상호작용이지만
양육자가 어린 나에게 보여 준 양육행동, 정서, 언어 표현들이
내적작동모델(internal working model)[1]로 저장되어
현재의 나로 살아가는 데 영향을 주고 있는 것입니다.
애착은 '나의 관계'를 표현하기도 합니다.

지금부터 '애착-관계 유형'을 살펴보는 시간을 가져 보겠습니다.
여러 가지 애착-관계 유형 중
나는 어떤 모습이 두드러지게 보이는지 생각해 보는 시간입니다.
어느 유형은 좋고, 어느 유형이 안 좋은 것인지는 없습니다.

상황과 대상에 따라 내가 보이는 모습이 달라서
여러 유형이 혼합되어 나의 유형으로 나올 수도 있습니다.

1 양육자와의 관계 경험을 바탕으로 형성되는 심리적인 관계의 틀

시작하기 전에, Intro의 애착-관계 유형에 관한 설명을
다시 살펴보셔도 좋습니다.
나의 애착-관계 유형을 생각해 보세요.
나는 어떤 '애착-관계 유형'을 보일 것 같은 생각이 드나요?

나의 유형이라고 생각이 드는 것으로 선택하여 적어 보세요.
-> 안정형, 불안-의존형, 불안-헌신형,
회피-거리두기형, 회피-자기중심형

이 유형으로 생각한 이유는 무엇인가요?

다음의 질문을 천천히 읽어 보면서 나와 일치하는 문항에 표시해 보세요.

문항	내용	체크
1	상대방도 나의 마음을 헤아려 줄 것이라는 믿음이 있다.	
2	상대방의 말과 행동에 따라 쉽게 흔들린다.	
3	상대방에게 내가 할 수 있는 한 최선을 다해 잘해 준다.	
4	어린 시절부터 도움을 받기보다는 혼자 해결해 왔다.	
5	어떻게든 상대방이 내 뜻대로 움직이도록 상황을 만든다.	
6	상대방과 갈등이 생기면 피하지 않고 먼저 해결하려는 시도를 한다.	
7	내가 힘들어도 상대방이 원하는 대로 맞춰 주려고 한다.	
8	누군가를 돌볼 때 내가 괜찮은 사람인 것 같다.	
9	상대방이 나에게 관심 갖는 상황을 만들지 않으려고 한다.	
10	어떻게든 상대방이 내 뜻대로 움직이도록 상황을 만든다.	
11	상대방에게 휘둘리는 상황에서도 내 마음의 중심을 잡을 수 있다.	
12	관계 유지를 위해 상대방을 따라가는 것이 편하다.	
13	나를 돌보는 것보다 상대방을 돌보는 것이 더 중요하다.	
14	상대방에게 내 감정을 표현하는 것이 어렵다.	
15	상대방의 잘못이라는 생각이 들면 참지 못하고 바로 지적한다.	
16	몸은 떨어져 있어도 마음은 함께하고 있다는 생각이 든다.	

문항	내용	체크
17	상대방이 내 눈앞에 보이지 않으면 쉽게 불안해진다.	
18	상대방이 괜찮다고 해도 베풀거나 미리 도와주려고 하는 경향이 있다.	
19	관계보다는 일이나 활동에 관심을 두는 편이다.	
20	내 기분이 내키는 대로 상대방에게 말하게 된다.	
21	내가 도움이 필요한 상황에서 주변에 요청할 수 있다.	
22	나에게 관심이 있는지 자주 확인받고 매달린다.	
23	나는 항상 누군가에게 내가 먼저 마음을 주면서 살아왔다.	
24	내가 느끼고 있는 감정을 잘 모를 때가 많다.	
25	관계에서 내가 옳다고 고수하는 편이다.	
26	서로 믿음을 갖고 관계에서 적절한 선을 지키려고 한다.	
27	이 세상에 나 혼자 있다는 기분이 든다.	
28	때로는 상대방에게 맞춰 주는 것이 힘들고 지친다.	
29	누군가와 친밀한 관계가 되는 것이 더 불편하다.	
30	다른 사람의 생각이나 의견을 귀담아듣지 않으려고 한다.	

다 표시하였다면, 다음의 표에 옮겨 보세요.
내가 체크한 문항의 번호 아래에 V 표시하세요.
그리고 세로로 표시한 것의 개수를 세어 보고 합계를 적어 보세요.
가장 많이 나온 것이 나의 유형입니다.

나의 애착-관계 유형

	A	B	C	D	H
번호	1	2	3	4	5
V					
번호	6	7	8	9	10
V					
번호	11	12	13	14	15
V					
번호	16	17	18	19	20
V					
번호	21	22	23	24	25
V					
번호	26	27	28	29	30
V					
합계					
유형	안정형	불안- 의존형	불안- 헌신형	회피- 거리두기형	회피- 자기중심형

나의 '애착-관계 유형'은

______________________________ 입니다.

내가 생각했던 유형과 같은가요?
어떤 문항이 나를 잘 표현하고 있는 것 같나요?

그 이유는 무엇인가요?

만일 나의 생각과 다른 유형이 나왔다면, 그 이유는 무엇일까요?

마음 다시보기 둘

나의 애착, 그리고 관계

나의 애착-관계 유형을 키워드로 찾아보는 시간을 가져 보겠습니다.
마음을 편안히 하고, 조용한 음악을 들으며 준비하셔도 좋습니다.
본 활동에서는 "RE: 마인드 애착-관계 카드"가 필요합니다.

RE: 마인드 카드 중 키워드가 적혀 있는 카드를 꺼내어
앞에 펼쳐 놓아 보세요.
나와 주변 사람들과의 관계를 떠올리며 한 장 한 장씩
천천히 살펴보세요.

오래전의 관계도, 현재의 관계도 모두 좋습니다.
자연스럽게 떠오르는 대로 생각해 보세요.
현재 나의 관계를 표현하고 있다고 생각되는 키워드를
모두 골라 보세요.

키워드 카드를 선택하였다면 색깔별로 구분하여 빈칸에 적어 보세요. 나의 관계를 표현하는 키워드를 추가하고 싶다면 마지막 칸에 적어 보세요.

내가 찾은 키워드	내가 찾은 키워드
* * * * *	* * * * *
내가 찾은 키워드	**내가 찾은 키워드**
* * * * *	* * * * *
내가 찾은 키워드	**내가 만든 키워드**
* * * * *	

가장 많이 선택한 색깔에 써 놓은 키워드를 다시 한번 더 살펴보세요.

내가 선택한 키워드 중에서 나의 '애착-관계'를 가장 잘 표현하고 있다고 생각되는 키워드는 무엇인가요? 이유도 함께 적어 보세요.

- 키워드

- 선택한 이유

내가 선택한 키워드를 보면서 알아차린 것이 있나요?
카드의 색을 통해 나의 애착-관계 유형을 알아볼 수 있습니다.
어떤 색깔의 카드를 가장 많이 선택하셨나요?
가장 많이 선택한 색이 나의 애착-관계 유형을 나타내고 있습니다.

RE: 마인드 카드의 예

헤아림 초록색: 안정형
헌신적 회색: 돌봄형
소심함 주황색: 의존형
독립성 보라색: 거리두기
우월감 파란색: 자기중심형

나의 애착-관계 유형은 ______________________ 이다.

지난 시간에 찾아본 애착-관계 유형과 같은가요, 다른가요?
같은 유형이 나왔을 수도 있고, 다른 유형이 나왔을 수도 있습니다.

다음의 활동을 통해 나의 유형을 좀 더 살펴보겠습니다.
이번에는 문장이 보이는 쪽으로 카드를 펼쳐 놓습니다.
그리고 문장을 천천히 읽어 보면서 나를 잘 표현하고 있다고
생각되는 문장을 적어 보세요. 뒷면의 키워드도 함께 적어 보세요.

문장 → **키워드**

문장 → **키워드**

다 적어 보았다면 나를 표현하는 문장이나 키워드들은 어떤 유형에 주로 속하는지 한 번 살펴보세요.

마음 다시보기 셋

애착과 관계 사이의 나

나의 애착-관계 유형을 살펴본 느낌은 어떤가요?
그럴 줄 알았다는 생각이 들 수도 있고,
나는 전혀 아닌데 왜 이렇게 나왔을까?
의아한 생각이 들 수도 있습니다.
지난 시간 내가 만들었던 키워드가 생각나시나요?
다시 앞 장으로 돌아가 내가 직접 만들었던
나에게 맞는 키워드를 적어 보세요.
오늘은 다른 키워드를 만들고 싶다면, 그것으로 적으셔도 좋습니다.

다음의 문장을 완성해 보세요.

내가 만든 키워드가 나의 관계에서 갖는 의미는 무엇인가요?

____.

내가 만든 키워드를 보니,

나는 ____________________ 사람인 것 같다.

만일, 달라질 수 있다면

나는 ____________________ 한 애착-관계를 보이고 싶다.

그 이유는, ____.

특히, 내가 관계를 잘하고 싶은 떠오르는 사람이 (있다 / 없다).

있다면,

나는 ______________ 와 ______________ 애착-관계를 맺고 싶다.

없다면, 그 이유는

____

____.

마음 다시보기 넷

나의 역사, 나의 삶

내가 이 세상에 처음 태어난 날과 첫 생일을 상상해 보세요.
내가 태어났던 날과 첫 생일날,
가족들의 분위기는 어떠했을지 떠올려 보세요.
그림으로 그려도 좋고, 글로 써도 좋습니다.
생각이 잘 나지 않는 경우에는 부록에 있는 감정 형용사를 활용해 볼 수 도 있습니다.

내가 이 세상에 태어난 날 _______ 년 ____ 월 ____ 일	
태어난 날의 가족 분위기	가족들이 나에게 해 주었을 것 같은 말

나의 첫 생일날 ________ 년 ____ 월 ____ 일	
첫 생일의 가족 분위기	가족들이 나에게 해 주었을 것 같은 말
가족들에게 들었다면 좋았을 말	나의 첫 생일상에 놓여 있던 것들

내가 떠올릴 수 있는 가장 어린 시절의 첫 기억을 떠올려 봅니다.
너무 오랜 기억이라 떠오르지 않을 수 있습니다.
잘 떠오르지 않을 경우 상상해 보세요.
마음이 편안해지는 자세로 앉아 보세요.
천천히 숨을 고르고, 눈을 감아 보세요.
음악을 들어도 좋습니다.

행복했던 나
불행했던 나
즐거웠던 나
슬픔에 빠져 있던 나
속이 상하고 화가 났던 나

억지로 떠올리려고 하지 않아도 됩니다.
눈을 감고 천천히 어린 시절의 나로 마음 깊이 내려가 봅니다.
다시 한번 숨을 고르고 천천히 한 살, 한 살 아래로 내려가
멈추고 싶은 그 시절의 나를 떠올려 봅니다.
이제 천천히 눈을 떠 봅니다.

나는 ______________________ 살 때의 기억이 떠 오릅니다.

이 시기가 떠오른 이유는 무엇이라고 생각하나요?

____

____

내가 떠올린 어린 시절의 나는 어디에서, 무엇을 하고 있나요?

어린 나를 바라보는 가족의 눈빛, 가족 분위기,
가족의 모습은 어떤가요?

만일, 해 준 말이 없다면 어떤 말을 해 줬으면 하나요?

나의 가족이 어린 시절의 나에게 어떤 말을 해 주고 있나요?

지금 나의 마음은 어떤가요?

이미지로 표현해도 좋고, 감정단어 또는 글로 적어도 좋습니다.

내 마음에 느껴지는 감정들을 자유롭게 표현해 보세요.

마음 다시보기 다섯

애착 - 관계의 기틀
"나의 부모"

"엄마가 유아에게 보인 상호작용에 따라
아이는 사랑의 모형을 짓고,
어른이 되어서는 그 모형에 따라
인간관계를 만든다."
딸에게 보내는 심리학 편지 - (한성희 저)

내가 이 세상에 태어나 처음 만난 사람은 부모님입니다.
우리가 성장하면서 부모님과 맺어 온 관계 방식은
나의 애착-관계를 형성하는 데 큰 영향을 주었습니다.

부모님과의 관계는 내 삶의 태도와 가치관의 씨앗이 되고,
이를 바탕으로 나는 현재 다양한 관계들을 형성하고 유지하고
있습니다.

지금부터 나의 부모님 그리고 부모님과의 관계를 살펴보려고 합니다.

나의 아버지, 어머니는 어떤 분이신가요?

나의 부모님을 잘 나타낸다고 생각되는 형용사 중에서 3~5개 정도 떠올려 적어 보세요.

예) 따뜻한, 서늘한, 부드러운, 온유한, 무뚝뚝한, 무관심한, 포근한, 사려깊은, 쾌활한, 지혜로운, 불안한, 권위적인, 통제적인, 자유분방한, 예민한, 부지런한, 게으른, 신뢰할 만한, 믿기 어려운, 엄격한, 고집스러운 등

부록의 감정단어를 살펴보면서 적어도 좋습니다.

아버지	어머니

조용히 눈을 감고 숨을 고르게 합니다.

그리고 부모님과 함께한 어린 시절을 떠올려 보세요.

특별히 떠오르는 장면 또는 상황이 있나요?

그 시간이 나에게 어떤 감정을 느끼게 하나요?

이제 천천히 눈을 뜨고, 나에게 떠오른 장면이나 상황을 그림으로 그려 보세요.

RE: 마인드 애착-관계 카드 중 이미지 카드를 꺼내어 앞에 펼쳐 놓아 보세요. 한 장 한 장 그림을 천천히 살펴봅니다. 나와 부모님과의 관계를 떠오르게 하는 이미지 카드가 있는지 살펴봅니다.

내 마음에 와닿은 이미지 카드를 선택한 이유를 적어 보세요.

내가 선택한 이미지 카드를 보며 어떤 느낌, 어떤 생각이 드셨나요?

- 느낌

- 생각

마음 다시보기 여섯

관계의 뿌리
"나의 애착 나무"

나를 표현하는 나무를 그려 보겠습니다.

가능한 한 내 마음에 들도록 정성을 들여 그려 보세요.

내가 그린 나무를 다시 살펴봅니다. 최대한 자세하게 들여다 봅니다.

뿌리 - 부모님

부모님이 어린 시절의 나를 양육하시며
보여 주신 모습을 떠올려 보세요.
부모님의 태도, 언어 습관, 눈빛, 분위기 등
어떤 것이든 모두 좋습니다.
부모님의 모습이 현재 나의 감정, 행동, 사고방식에 어떠한 영향을 주고 있는 것 같나요?

기둥 - 나

지금의 나를 떠올려 보세요.
나의 습관, 행동, 사고, 말, 대인관계, 자주 느끼는 감정 등 모두 좋습니다.
혹시, 내가 문제라고 생각하는 것이 있는지, 있다면 무엇인지,
더 나은 내가 되기 위해 바꾸고 싶은 모습이 있는지,
없애고 싶은 문제는 무엇인지 떠올려 자유롭게 적어 보세요.

가지 - 미래의 나

내가 앞으로 성장하고 싶은 나의 모습을 떠올려 보세요.
대인관계 속에서 나는 어떤 사람으로 보여지고 싶은가요?

내가 원하는 모습이 되기 위해 내가 노력해야 하는 것들이 있나요?

사랑이란 뿌리는

땅속 깊숙이 박았지만

가지는

하늘로 치솟은 나무여야 한다.

- 버트란트 러셀 -

Love should be a tree

whose roots are deep in the earth,

but whose branches extend into heaven.

- Bertrand Russell -

마음 다시보기 일곱

나의 애착 - 관계의 시간

지금까지 살아오면서 나의 삶에서 행복하고 좋았다고 느낀 경험과 힘들고 불행하다고 느꼈던 경험을 떠올려 보세요.
내가 살아온 시간(혹은 나이)들을 기점으로 과거부터 현재까지 경험한 일들을 적어 보세요.

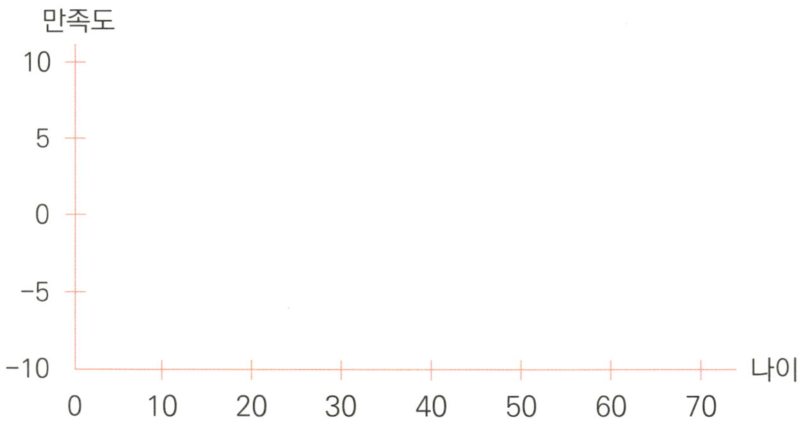

나이(만족도)	경험한 일

나의 삶을 돌아보는 경험 속에서 과거의 관계를 떠올려 보세요.

좋았던 일들이나 행복하다고 느꼈던 관계 경험을 적어 보세요.	힘들었던 일들이나 불행하다고 느꼈던 관계 경험을 적어 보세요.

현재 나의 삶에서 경험하고 있는 관계를 떠올려 보세요.

지금의 내가 좋은 기분과 행복함을 느끼는 관계 경험을 적어 보세요.	지금의 내가 안 좋은 기분과 불행함을 느끼는 관계 경험을 적어 보세요.

'현재의 나'에게 습관처럼 나타나는 모습을 발견하였나요?

과거의 나와 현재의 나는 어떤 공통점이 있나요?

알아차린 내 모습을 적어 보세요.

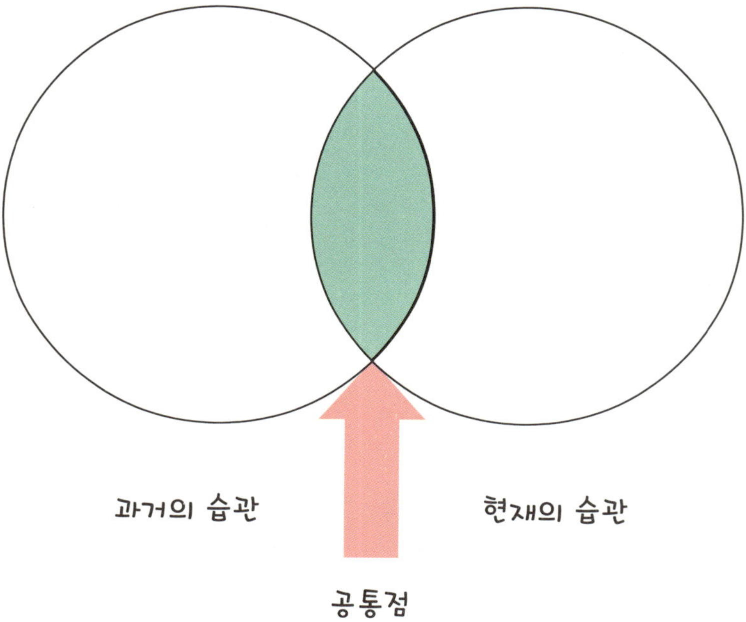

지금의 내 모습은 이전 관계 경험에서 영향을 받아

내적인 심리적 습관이 되어

나도 모르게 관계 안에서 나타나는 모습입니다.

나를 알고, 나를 이해하고, 나를 돌보며,

나를 변화시키려는 마음의 힘!

이제부터 시작입니다!

마음 다시보기 여덟

내적습관 변화시키기

마음 다시보기 첫 시간에
내가 찾은 애착-관계 유형은 ______________________ 입니다.

지금부터 나의 삶의 태도를 천천히 생각해 보겠습니다.
나의 삶의 태도는 의식하지 않는 순간, 습관으로 나타나게 됩니다.

나의 습관을 보다 세세하게 떠올려 보겠습니다.
나는 습관적으로

______________________ 감정을 자주 느낍니다.

______________________ 행동을 자주 합니다.

______________________ 생각을 자주 합니다.

______________________ 관계 갈등을 경험합니다.

______________________ 스트레스를 받습니다.

이러한 삶의 태도가 나를 편안하게 했나요, 힘들게 했나요?
만일, 이러한 삶의 태도가 나를 힘들게 했다면,
내가 지금보다 조금이라도 더 나아지려면,
어떤 노력이 필요할까요?

변화시키고 싶은 나의 습관이나 다시 만들고 싶은 습관 버킷리스트를 적어 보세요.

Part 1. 마음 다시보기 마무리

어린 시절 부모님이 나와 관계하며 보여 준 양육행동은
애착의 뿌리와 같습니다.
나의 삶에서 중요한 사람이 영향을 준
애착-관계 유형은 나의 삶의 태도와 가치관
그리고 현재의 어려움과 연결되어 있습니다.
이 모든 것은 나의 과거이자, 나의 현재이며, 나의 미래입니다.

그러나 중요한 것은
과거의 나도 "나"이며,
현재의 나도 "나"이고,
미래의 나도 "나"입니다.

이제는 "~때문에"가 아니라
"~덕분에" 지금의 내가 있음을 감사하며,
앞으로 한 걸음, 또 한 걸음 내딛어 보겠습니다.

마음 다시보기를 끝낸 나에게 보내는 긍정 메시지

PART 02

Re: Base

PART 1의 마음 다시보기를 통해 애착의 뿌리와 애착-관계 유형이 현재 나의 삶에 영향을 주고 있다는 것을 알게 되었습니다. 지금의 내가 존재하는 것은 과거의 내가 있었기 때문입니다. 그리고 지금의 나는 더 나은 미래를 위한 삶을 준비하고 있습니다.
Part 2 안전기지에서는 나의 부모님, 양육자 또는 애착 대상이 과거의 나에게 얼마나 안전한 돌봄을 경험하게 해 주었는지를 살펴보게 됩니다. 이를 통해 현재 내가 느끼는 불안한 감정과 회피를 보이는 모습을 연결해 봅니다. 불안과 회피를 경험하고 알아차릴 때마다 나는 어떤 위로를 받았었는지, 나를 돌봐 준 사람이 있다면 누구였는지 떠올려 보겠습니다.
내가 나를 어떤 방법으로 위로하고 돌보고 있었는지도 함께 살펴보면서 내 마음이 힘들 때 달래기 위해 돌아가는 곳, 편안함을 느끼는 곳, 그곳이 나의 안전기지(secure base)였음을 알아차리는 시간을 가져 보겠습니다.
지금의 나를 사랑하기 위해서 나에게 필요한 마음은 무엇인지 Re: Base에서 차근차근 찾아보기로 합니다. 천천히 어린 시절의 나와 만남을 통해 하나씩 하나씩 풀리지 않았던 숙제를 하는 것처럼 해 보기로 합니다. 이제 우리는 안전기지로부터 시작해서 더욱 단단한 관계 속으로 나아가도록 하겠습니다.

Part 2
마음을 여는 詩

멀리 나아가도
언제나 돌아올 수 있는 곳
눈에 보이지는 않지만
내 마음을 단단하게 지지해 주는 곳

낯선 세상 앞에서
두려움에 떨 때
힘들고 어려운 일들에 지쳐
버틸 힘이 없다고 느낄 때
오르막길에서 주저하며 숨이 찰 때

바닥에 넘어져 못 일어나고
있을 때

다시 일어날 수 있게 해 준 곳
힘을 낼 수 있는 용기를 주었던 곳
언제든 돌아갈 수 있는 곳
따스한 온기와 밝은 빛으로
나를 향해 열려 있는 문
있는 그대로의 나를 받아주는 그곳

마음 다시보기 하나

나만의 안전한 곳!

지금부터, 편안히 숨을 고르세요.
나의 안전기지[2]를 찾아보는 시간을 가져 봅니다.
내 마음이 편안해지는 조용한 음악을 들어도 좋습니다.
오른쪽 상단에 있는 QR 코드를 활용해 음악을 들으며
눈을 감고 나만의 시간을 가져 봅니다.

숨을 길게 들이마시고 내쉬면서 편안한 마음을 유지하기 위해 집중해 봅니다.
온 마음을 다해 오로지 '나 자신'만을 위한 시간으로 만들어 봅니다.
마음이 가라앉았다면 천천히 눈을 떠 보세요.

2 안전기지란 개인이 심리적으로 안정감을 느낄 수 있게 해 주는 사람, 환경을 의미합니다.

내가 가장 편안함을 느끼며 성장했던 경험을 떠올려 보세요. 나는 지금 나를 키워 준 양육자(예: 엄마) 품에 안겨 있습니다. 품에 안겨 있는 나는 어떤 모습, 어떤 느낌, 어떤 표정일까요? 자유롭게 표현해 보세요.

나를 양육해 준 사람의 품에 안겨 있는 '어린 나'를 떠올려 보세요.

양육자(엄마)와 어린 나는 어떤 모습을 하고 있나요?

양육자(엄마)의 품에 안긴 '어린 나'는 어떤 마음을 느끼고 있나요?

양육자(엄마)는 '어린 나'를 보며 어떤 마음을 느끼고 있는 것 같나요?

지금부터 내가 원하는 안전기지를 찾아보겠습니다.

RE: 마인드 애착-관계 카드의 이미지 카드를 펼쳐 놓고
내 마음이 편안해지는 이미지가 있는지 살펴보세요.
그리고, 마음에 드는 이미지 카드를 선택해 보세요.

내가 선택한 이미지는 어떤 느낌을 주나요?

그 느낌이 내가 원하는 마음일 수 있습니다.
양육자와의 관계에서 느꼈던 경험이 있는지 떠올려 보세요.

마음 다시보기 둘

안전한 마음, 나의 안전기지

나의 마음이 편안하다고 느끼는 순간은 언제인가요?
잠을 자기 전 조용한 방, 내 침대에 누워 있을 때 느끼기도 하고, 아침에 눈을 뜨고 일어나 커튼을 열고 창문을 여는 순간 느끼기도 하고, 때로는 혼자 차를 마시거나, 음악을 듣거나, 책을 볼 때 편안함을 느끼기도 합니다.
지금부터 나에게 안전감을 주는 것을 찾아보겠습니다.
나의 마음이 편안해지는 데 도움을 주는 사람, 동물, 장소, 활동, 음식 등 어떤 것이든 좋습니다. 내가 좋아하는 색깔이 있을 수도 있고, 내가 좋아하는 물건이 있을 수도 있습니다. 가능한 한 많이 떠올려 보세요.

내가 떠올린 것들 중에서 특별히 더
나를 편안하게 해 주는 것을 찾아 보세요.
나에게 안전하고 편안한 마음을 갖게 도와주는 이유가 무엇일까요?
나의 마음에 어떤 영향을 주고 있는지 생각해 보세요.
어떤 이유로 나의 마음을 편안하게 해 주는 것이 되었나요?

특별히 편안하게 해 주는 것

그 이유는

만일, 나의 마음을 편안하게 해 주는 대상, 장소
또는 상황이 없다면 나는 어떤 마음을 경험하게 될 것 같은가요?
아니면, 편안하게 해 주는 것이 특별히 없어도 괜찮은가요?
현재, 나는 어떤가요?

마음 다시보기 셋

불안한 마음과 안전기지

우리는 어느 때든 '불안함'을 느끼며 살아갑니다.
새로운 사람과 만날 때,
새로운 일을 시작할 때,
일상에서 예상치 못한 일이 생겼을 때,
잘 지내고 있던 사람과 갈등이 생겼을 때,
내가 생각했던 대로 상황이 흘러가지 않을 때도 불안함을 느낍니다.
그러니 '불안한 나'도 사실은 나의 모습입니다.

나에게 불안감을 주는 대상, 상황, 장소 등을 찾아보세요.
사람, 시간, 활동, 색깔, 장소, 음식 등 어떤 것이든 좋습니다.
가능한 한 많이 떠올려 보세요.

나는 불안함이 느껴질 때 어떤 마음이 드나요?

나의 불안한 마음을 다루기 위해 나는 무엇을 하나요?

나의 불안을 감소시키기 위해 했던 방법들의 효과는 어느 정도인가요?

1	2	3	4	5	6	7	8	9	10

효과 없음 ←→ 효과 있음

효과가 있었다면, 또는 효과가 없었다면 그 이유는 무엇인가요?

나의 불안한 감정들에 이름을 붙여 주세요.
여러 가지로 붙여도 됩니다.
이름을 붙이다 보면 불안한 마음이 떨어지면서
거리를 두고 마음을 보게 됩니다.
내 마음이 불안함에서 빠져나올 수 있도록 도와줍니다.

예) 내 불안함의 이름은 "겁쟁이"야.
내 불안함의 이름은 "짱구"야.

"나의 불안함의 이름은 ..."

불안함을 다루기 위한 또 다른 방법으로
나의 안전기지를 떠올릴 수도 있습니다.
안전기지를 통해 마음을 위로받고 있는 나를 그려 보세요.
될 수 있으면 나의 감정이 자세하게 표현되도록 그려 보세요.

지금, 나의 마음은 안녕한가요?

마음 다시보기 넷

회피하는 마음과 안전기지

나에게는 '회피하는 나'의 모습도 있습니다.
사람들과의 관계에서 힘들어 하고 있는 나를 떠올려 보세요.
이전의 나도 괜찮고, 현재의 나도 괜찮습니다.
관계가 너무 힘들고 벅찰 때 누구나 회피하고 싶은
마음이 들기도 하고,
실제로 회피를 하며 거리를 두기도 합니다.

<table>
<tr><th colspan="2">회피하는 나</th></tr>
<tr><td>회피할 때 나는 이런 생각들을 주로 합니다.</td><td rowspan="3">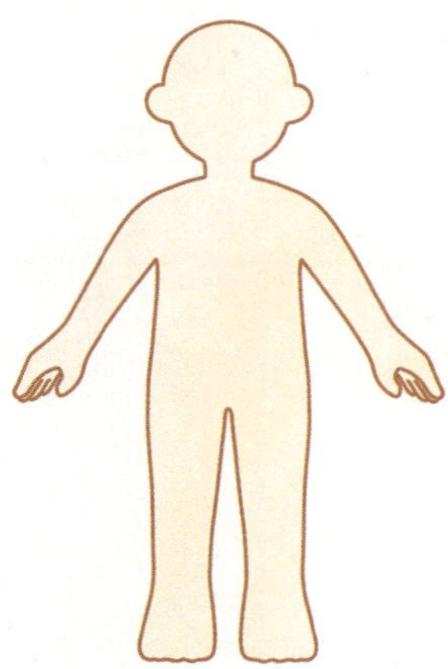</td></tr>
<tr><td>회피할 때 나는 이런 감정들을 주로 느낍니다.</td></tr>
<tr><td>회피할 때 나는 이런 행동들을 주로 보입니다.</td></tr>
</table>

관계에서 언제부터 내가 회피를 선택하게 되었는지,
혹은 어떤 특정한 사람하고 만날 때 회피하고 싶어지는지
생각해 보겠습니다.

RE: 마인드 애착-관계 카드 중에서 물음표 그림이 그려진
질문카드를 펼쳐 보세요. 옆 사람과 서로 질문을 주고받아도 좋고,
한 장씩 넘기면서 내가 나에게 질문을 하고 답을 해도 좋습니다.

어떤 질문에서 내가 회피하고 싶은 마음이 들었나요?
그 질문에 대한 답을 적어 보세요.

관계 또는 상황에서 회피하고 있는 나를 떠올려 보니

-- 생각이 듭니다.

-- 감정이 느껴집니다.

그래서...

지금부터 나는 다르게 행동해 보기로 하겠습니다.

회피를 마주하려는 나의 모습을 상상해 보세요.
그 모습을 자유롭게 표현해 보세요.

마음 다시보기 다섯

다시 만드는 나의 안전기지

오늘 나의 마음은 어떠한가요?
눈을 감고 천천히 숨을 들이쉬고 내쉬며
평안한 나를 위해 집중해 봅니다.
오른쪽 상단의 QR 코드를 활용해 음악을 들으며
마음을 편안히 해 보셔도 좋습니다.

잠시 눈을 감고 그동안 관계 속에서 경험한 힘들었던 일들을 떠올려 보겠습니다.
준비가 되셨다면 천천히 눈을 뜨고
나의 마음을 다시 들여다보겠습니다.

내 마음에 떠오르는 감정과 생각을 자유롭게 적어 보세요.

불편한 마음이 들 때 나에게 힘이 되는 마음의 메시지나 떠오르는 생각을 표현해 보세요.

나에게 새롭게 발견한 안전기지가 될 수 있습니다.
힘들 때마다 꺼내 보면서 마음을 돌볼 수 있습니다.

지금부터 내 마음속에 군데군데 붙어서
나를 힘들게 했던 마음들을 멀리멀리 날려 보내 봅시다.
가능한 한, 편안하게 숨을 쉬어 보세요. 한 번 더 반복해 봅니다.
편안하게 숨을 들이쉬고 내쉬고~

원하는 만큼 비누방울의 개수를 그려 그 안에 나를 힘들게 했던 감정들을 적어 보세요.

마음 다시보기 여섯

사랑받고 싶은 나

우리는 모두 사랑받고 싶고, 인정받고 싶은 마음이 있습니다.
내가 원했던 사랑과 인정은 누구를 향해 있었나요?
내가 사랑과 인정을 받고 싶었던 것들은 무엇이었나요?
이전의 나를 떠올려 보세요. 어린 시절의 나도 좋습니다.
학교에 다니던 나도 좋습니다. 바로 어제의 나도 괜찮습니다.

______________ 살의 나

나 이럴 때 사랑, 인정받고 싶었다.	나 이럴 때 위로, 지지받고 싶었다.
*	*
*	*
*	*

넌 아주 사랑스러운 사람이며
네 인생은 사랑으로 가득 차리라.
- Snoopy -

내가 원하는 만큼 사랑과 인정을 받지 못했을 때
나의 마음은 괴롭고, 힘들고, 때로는 상대방에게 서운함과 원망을 느끼기도 합니다.
이럴 때 내가 원했던 말과 마음, 행동은 어떤 것이었나요?

어린 시절의 내가 ____________________ 에게 받고 싶었던 것

마음

말

행동

그리고 지금의 나는 어린 시절의 나와 같은 마음입니까,
다른 마음입니까?

현재의 내가 __________________ 에게 받고 싶은 것

마음

말

행동

내가 바라는 것을 얻기 위해
지금까지 노력해 왔던 것들을 떠올려 보세요.
내가 애쓰며 살았던 모습이 있나요? 어떤 모습인가요?

지금도 같은 모습으로 원하고 있나요?
아니면, 다른 모습으로 살고 있나요?

지금의 나는 (예전과 같이 / 예전과 다르게)

_______________ 의 모습으로 살고 있다.

나는 나 자신을
있는 그대로
받아들일 수 있을 때
변화할 수 있다.
- Carl R. Rogers -

마음 다시보기 일곱

안전기지 안에서 보호받는 나

지금부터 조용히 눈을 감고 숨을 고르고
마음을 편안히 갖기 위해 노력합니다.
마음이 편안해지는 음악을 들어도 좋습니다.
그리고 내가 그리워하고, 내가 찾고, 내가 다시 만든
안전기지 안에 있는 나를 떠올려 보세요.

안전기지 안에서 내가 믿고 있는 대상이 나를 안전하게 보호해 줍니다.
내가 나를 편안하게 보듬어 주고 있을 수도 있습니다.
가장 중요한 것은
안전기지가 누구이든, 무엇이든 간에
진정으로 자신을 돌보는 것은 바로 '나'입니다.
그러기 위해서는 나를 돌보는 마음구조 키트가 필요합니다.

마음구조 키트 안에 넣고 싶은 것은 무엇입니까?

나에게 필요한 마음구조 키트를 더 잘 챙겨 보겠습니다.
언제 마음구조 키트가 필요할지 모르니
미리 준비를 해 두는 것이 좋겠지요.

나에게 편안함을 주는 장소	나의 마음이 안정되는 시간	나를 돌보는 Self-talk
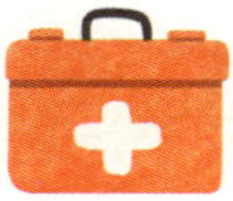		
필요한 때	필요한 때	필요한 때
마음구조 장소	마음구조 시간	마음구조 self-talk

나에게 도움이 되는 생각	나에게 힘이 되는 감정	(　　　　　　)
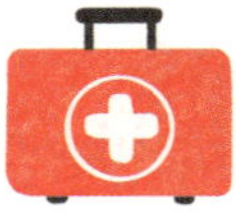 필요한 때 마음구조 생각	 필요한 때 마음구조 감정	 필요한 때 마음구조 (　　　　)

나의 마음구조 키트를 함께 사용하고 싶은 사람을 떠올려 보세요. 그 사람이 누구인가요? 떠오른 이유가 있다면 적어 보세요.

마음 다시보기 여덟

소중한 나, 나를 사랑하는 나

나를 돌보는 나
나를 소중히 여기는 나
나를 자비롭게 대하는 나
나를 기꺼이 수용해 주는 나
나를 아껴 주는 나
이런 나…
바로 '지금의 나'입니다.

나를 표현할 수 있는 모든 것들을 적어 보세요.

과거의 나	현재의 나

소중한 내가 편안히 보호받을 수 있는 곳,
상처받고 깨진 마음도 따뜻한 돌봄으로 치유받을 수 있는 곳
나의 안.전.기.지.(secure base)입니다.
그동안 찾았던 나의 안전기지들을 떠올려 보세요.

내가 안전기지 안에서 사랑받고, 보호받고 있다는 것을 언제 알 수 있나요?

내가 나를 소중히 여기는 방법은 무엇인가요?

내가 힘들 때마다 안전기지가 나를 보호해 주는 마음의 공간이 된다는 것을 믿는 것이 나의 삶에 어떤 도움을 주나요?
나를 소중하게 대하는 방법 중 하나는 자애명상입니다.
자, 지금부터 자애명상을 해 보겠습니다.

다음의 빈칸에 내 이름을 적어 넣으세요.
그리고 자애명상 문구를 천천히 소리 내어 읽어 봅니다.

나 (이름)이 안전하기를.
나 (이름)이 행복하기를.
나 (이름)이 건강하기를.
나 (이름)이 편안하게 살기를.

그리고, 나의 관계에서 떠오르는 대상을 위한 자애명상 문구를 적어 봅니다.

(이름)이 안전하기를.
(이름)이 행복하기를.
(이름)이 건강하기를.
(이름)이 편안하게 살기를.

자비로움과 돌봄의 따뜻한 마음을 담아
내 마음을 토닥토닥 안아 줍니다.

Part 2. 안전기지 마무리

나에게 안전함을 느끼게 해 주었던 양육자
지금 현재 나를 안전하게 지지해 주고
의지할 수 있도록 마음을 내어주는
소중한 사람들

그리고
내가 편안함을 느끼는 나만의 공간에서
나는 충분한 위로와 지지를 받습니다.

나만의 공간, 나의 안전기지는
내가 만들고, 내가 꾸미고,
내가 사랑하는 공간입니다.

나 자신을 사랑하는 내가 되기 위해서
나 자신을 잘 돌보는 것이 필요합니다.

응원 두 마디!

PART

03

Re: Attachment

내 마음 다시보기를 통해 애착-관계 유형을 확인하고, 애착의 뿌리를 찾아 보았습니다. 그리고 나에게 영향을 주었던 양육자와 애착 대상에게서 받았던 돌봄을 떠올려 보았고, 내가 받고 싶었지만 받지 못하고 원하기만 하였던 돌봄의 마음도 확인하였습니다. 어린 시절의 나를 지나 현재의 나로 오는 동안 삶의 역사를 지나왔습니다.

Part 3에서는 나의 애착-관계를 재구성하는 시간입니다. 나를 힘들게 했던 과거의 관계 패턴을 다시 확인해 보고, 내가 어려웠던 이유를 찾아봅니다. 특히, 나와 힘든 관계에 있었던 사람들을 돌이켜 보면서, 현재의 관계에 영향을 주고 있는 것들을 살펴봅니다. 애착-관계 재구성 활동은 현재의 관계를 더 깊이 있는 단단한 관계로 발전시키기 위해서 나에게 필요한 마음과 생각, 행동은 무엇인지 재정립하고 연습합니다. 이를 통해 나의 관계가 안정되고, 편안해지며, 어려움과 갈등을 이겨 낼 수 있는 마음 회복력을 발휘하게 될 것입니다.

Part 3

마음을 여는 詩

내 어린 시절
부드럽게 감싸 주던 온기
따스하게 비춰 주던 밝은 빛

내 마음 깊은 곳에 남아
사랑과 신뢰가 되었지
세상을 마주할 때마다
누군가와 얽히고설키며
마음을 나누며 살아가지

믿음과 두려움
기대와 실망
모든 감정의 뒤편에 남아 있는
내 어린 시절의 흔적들

그럼에도,
우리는 관계를 맺고 살아가
때로는 상처받고
때로는 치유되며
서로를 통해 더 나아가고 있어

처음 나에게 가르쳐 준
따스한 온기와 빛으로 손을 잡는 법
그리고
그 손이 내 길을 지켜 줄 거라는 믿음

세상과 마주한 나
그 안에서 만나는 관계
삶은 혼자가 아닌
함께하는 여정

마음 다시보기 하나

나의 애착 - 관계 연결고리

나의 어린 시절도 내 삶의 일부입니다.
과거의 나와 현재의 나는 떨어질 수 없습니다.

어린 시절부터 지금까지 주변 사람들로부터
내가 가장 많이 듣고 있는 말은 무엇인가요?
이 말(들)은 다른 사람들이 나를 보는 관점이기도 합니다.

과거의 타임머신을 타고 돌아가 봅니다.
어린 시절 나에게 영향을 끼친 말들을 떠올려 보세요.
생각하기 괴로울 수도 있고, 생각이 나지 않을 수도 있습니다.
억지로 생각해 내려고 하기보다는 할 수 있는 만큼만 해도
괜찮습니다.

듣기 싫었던 말	힘이 빠졌던 말	잊고 싶은 말	화가 났던 말

주로 누가 나에게 이 말들을 했었나요?

듣기 싫었던 말을 ______________ 에게 들었다.
힘이 빠졌던 말을 ______________ 에게 들었다.
잊고 싶은 말을 ________________ 에게 들었다.
화가 났던 말을 ________________ 에게 들었다.

이 말들을 들었던 그때, 나에게 들었던 생각과 감정이 떠오르나요?
힘들지만, 내 마음을 수용하며 표현해 보겠습니다.
그림이나 글 또는 감정단어 등으로 표현해도 좋습니다.
마음 상태를 표현하는 것이 좋습니다.
숨을 크게 들이쉬고 내쉬면서 후~

어린 시절에 내가 들었던 말 중 좋았던 말도 있습니다.

좋았던 말

____

____

또 다시 듣고 싶은 말

____

____

그 말들이 지금의 내가 살아가는 데

______________________ 영향을 주고 있는 것 같습니다.

그리고 다시 천천히 떠올려 보세요.

현재, 나는 __________ 말을 들으려고 노력하며 살고 있습니다.

내가 듣고 싶은 말을

__________ 에게 ______________ 상황에서 많이 듣고 싶습니다.

과거부터 현재까지 내가 자주 들었던 말과 듣고 있는 말을 떠올리면서 '과거의 나'와 '현재의 나'를 표현하고 있다고 생각되는 것을 RE: 마인드 애착-관계 카드의 키워드에서 찾아보세요.

과거의 나

현재의 나

앞으로 살아가면서 관계 안에서 내가 가장 듣고 싶은 말

마음 다시보기 둘

의사소통 유형 찾기

가족 상담을 했던 버지니아 사티어(V. Satir)는
가족 간 의사소통 스타일을 분석하여
'4개의 의사소통 유형(일치형, 산만형, 초이성형, 회유형, 혼란형)'으로
분류하였습니다.
애착-관계 유형과 의사소통 스타일을 비교해 보겠습니다.

애착-관계 유형	사티어 의사소통 유형		
안정형	e 일치형	자신뿐만 아니라 타인을 존중하고, 개방적인 대화로 상호작용하면서, 자신의 생각과 감정을 진솔하면서도 적절하게 표현함. 상대방의 의견을 경청하고 배려함으로써 진정한 관계를 형성하고, 안정적이며 수용적인 감정을 지님.	기능적
불안-의존형	a 회유형	상대방의 비위를 맞추려 하고, 겉으로는 상대방의 의견에 동조하고 순종하는 듯이 보임. 갈등 상황에서는 오히려 낮은 자세로 사과하고, 변명하는 등 착하게 보이고자 하는 마음을 보이면서 맞춰 주려 함.	역기능적

애착-관계 유형	사티어 의사소통 유형		
불안-헌신형	d 회유형 산만형	과잉 공감의 표현으로 상대방의 의견에 동조하는 듯 보이지만, 타인의 상황에 맞추기 위해 주제를 자주 바꾸면서 이야기하기도 함. 타인의 인정을 원하고 소외되지 않기 위해 타인을 맞추려고 함. 속으로는 자신과 타인의 감정을 중요하게 생각하지 않음.	
회피-거리두기형	c 초이성형	감정 표현을 잘하지 않고 오히려 매우 이성적이고 논리적으로 말함. 객관적이고 합리적으로 보이지만 공감능력의 부족과 사회적 고립감으로 소통이 원활하게 되지 않음.	역기능적
회피-자기중심형	b 비난형 산만형	나와 상대방의 감정에는 관심이 없고, 마음에 들지 않으면 타인을 비난하는 말을 하고, 탓하려고 함. 독단적이고 자기의 고집대로 이야기함. 쉽게 분노하고 다혈질처럼 보임. 내면에는 열등감과 패배감을 느끼고 있으며, 외로움과 불안을 감추기 위해 더 강하게 표현함.	

나의 의사소통 스타일을 찾아보세요. 나는 어떤 의사소통 유형인가요?

	문 항	a	b	c	d	e
1	나는 상대방이 불편하게 보이면 비위를 맞추려고 한다.					
2	나는 일이 잘못되었을 때 자주 상대방의 탓으로 돌린다.					
3	나는 무슨 일이든지 조목조목 따지는 편이다.					
4	나는 생각이 자주 바뀌고 동시에 여러 가지 행동을 하는 편이다.					
5	나는 타인의 평가에 구애받지 않고 내 의견을 말한다.					
6	나는 관계나 일이 잘못되었을 때 자주 내 탓으로 돌린다.					
7	나는 다른 사람들의 의견을 무시하고 내 의견을 주장하는 편이다.					
8	나는 이성적이고 차분하며 냉정하게 생각한다.					
9	나는 다른 사람들로부터 정신이 없거나 산만하다는 소리를 듣는다.					
10	나는 부정적인 감정도 솔직하게 표현한다.					
11	나는 지나치게 남을 의식해서 나의 생각이나 감정을 표현하는 것을 두려워한다.					
12	나는 내 의견이 받아들여지지 않으면 화가 나서 언성을 높인다.					
13	나는 나의 견해를 분명히 표현하기 위해 객관적인 자료를 자주 인용한다.					

	문 항	a	b	c	d	e
14	나는 상황에 적절하지 못한 말이나 행동을 자주 하고 딴전을 피우는 편이다.					
15	나는 다른 사람이 내게 부탁을 할 때 내가 원하지 않으면 거절한다.					
16	나는 사람들의 얼굴 표정, 감정, 말투에 신경을 많이 쓴다.					
17	나는 타인의 결점이나 잘못을 잘 찾아내어 비판한다.					
18	나는 실수하지 않으려고 애를 쓰는 편이다.					
19	나는 곤란하거나 난처할 때는 농담이나 유머로 그 상황을 바꾸려 하는 편이다.					
20	나는 나 자신에 대해 편안하게 느낀다.					
21	나는 타인을 배려하고 잘 돌보아 주는 편이다.					
22	나는 명령적이고 지시적인 말투를 자주 사용하기 때문에 상대가 공격받았다는 느낌을 받을 때가 있다.					
23	나는 불편한 상황을 그대로 넘기지 못하고 시시비비를 따지는 편이다.					
24	나는 불편한 상황에서는 안절부절 못하거나 가만히 있지를 못한다.					
25	나는 모험을 하는 편이다.					
26	나는 다른 사람들이 나를 싫어할까 두려워서 위축되거나 불안을 느낄 때가 많다.					
27	나는 사소한 일에도 잘 흥분하거나 화를 낸다.					

	문　　항	a	b	c	d	e
28	나는 현명하고 침착하지만 냉정하다는 말을 자주 듣는다.					
29	나는 한 주제에 집중하기보다는 화제를 자주 바꾼다.					
30	나는 다양한 경험에 개방적이다.					
31	나는 타인의 요청을 거절하지 못하는 편이다.					
32	나는 자주 근육이 긴장되고 목이 뻣뻣하며 혈압이 오르는 것을 느끼곤 한다.					
33	나는 나의 감정을 표현하는 것이 힘들고, 혼자인 느낌이 들 때가 많다.					
34	나는 분위기가 침체되거나 지루해지면 분위기를 바꾸려 한다.					
35	나는 나만의 독특한 개성을 존중한다.					
36	나는 나 자신이 가치가 없는 것 같아 우울하게 느껴질 때가 많다.					
37	나는 타인으로부터 비판적이거나 융통성이 없다는 말을 듣기도 한다.					
38	나는 목소리가 단조롭고 무표정하며 경직된 자세를 취하는 편이다.					
39	나는 불안하면 호흡이 고르지 못하고 머리가 어지러운 경험을 하기도 한다.					
40	나는 누가 나의 의견에 반대해도 감정이 상하지 않는다.					

출처: Satir, V.(2004). **사람 만들기**(**성문선 역**). **서울: 홍익제.** (**원전:** 1972**년 출판**).

☑ **채점**

a	b	c	d	e

유형별로 합산하여 높은 점수가 나온 항목이
나의 의사소통 유형 방식입니다.
상황이나 대상에 따라 복합적인 의사소통 유형을 보일 수도 있습니다.
스트레스를 받거나 갈등 상황이 있을 때 내가 주로 사용하는
의사소통 유형을 확인할 수도 있습니다.
나의 의사소통 스타일 유형 : ____________________

위와 같은 결과가 나오게 된 이유는 무엇이라고 생각되나요?

____

____

나의 애착-관계 유형과 비교해 보세요.

나의 애착-관계 유형 vs 나의 의사소통 스타일 유형

____

____

나를 잘 표현하고 있다고 생각할 수도 있고,
예상했던 것과 다르다고 생각할 수도 있습니다.

상황과 대상에 따라 다르게 나타나기 때문에
한 가지로 결정하기 어려울 수도 있습니다.
하지만, 다 괜찮습니다.
모든 과정은 나의 마음성장을 위해 탐색하는 것이기 때문입니다.

내가 가장 바꾸고 싶은 나의 습관적인 언어 표현은 무엇인가요?

마음 다시보기 셋

관계 속 의사소통

내가 상대방(가족, 연인, 친구 등)에게 주로 하는 말은 무엇인가요?
상황과 대상에 따라 다른 말들을 할 수도 있지만,
곰곰이 생각해 보면,
나의 언어 습관 또는 의사소통 습관이기도 합니다.

평상시 내가 가장 많이 하는 말(표현, 단어 등)은 무엇입니까?

이 말을 많이 하게 되는 이유는 무엇인가요?

____

나의 말 속에 상대방에 대한 기대가 담겨 있는지 생각해 보세요. 기대가 있다면 무엇인가요? 생각나는 대로 적어 보세요.

____

지금부터 일상에서 보이는 다른 방식으로
나의 의사소통 습관을 점검해 보겠습니다.
가정, 직장, 학교 또는 모임 등에서 나의 모습을 떠올려 보세요.
어떤 사람들과 함께 있느냐에 따라
나의 말과 행동, 감정 표현이 달라질 수 있습니다.

가족 중에서 내가 __________ 에게 주로 하는 말

____

직장에서 내가 __________ 에게 주로 하는 말

____

__________ 에서 내가 __________ 에게 주로 하는 말

____

_______________ 에서 내가 나에게 주로 하는 말

____

나의 의사소통 방식은 대상과 상황에 따라 달라지기도 하고,
스트레스 상황이나 긴장을 느낄 때 달라지기도 합니다.

스트레스 상황에서 내가 주로 하는 말

____

긴장 / 불안을 느낄 때 내가 주로 하는 말

____

다 채우셨나요? 혹시, 공통점을 발견하였나요?
내가 자주 사용하는 단어나 문장, 나의 말투,
나의 목소리 톤 등에서 공통점을 찾아볼 수 있어요.

마음 다시보기 넷

듣고 싶은 말, 관계와 욕구

지금까지 내가 가족, 애착 대상에게 들었던 말과
나의 의사소통 스타일을 살펴보았습니다.

내가 상대방에게 원하는 표현을 찾아보기로 합니다.
나의 욕구를 알아차림으로써 상대방에게 원하는 행동을
알 수 있게 됩니다.
지금, 이 순간 한 사람을 떠올려 보세요.
내가 떠올린 사람은 나와의 관계에서 힘든 사람일 수도 있고,
내가 관심을 받고자 하는 사람일 수도 있고,
내가 관심을 갖고 있는 사람일 수도 있습니다.
누구든 다 괜찮습니다.

나는 ______________ 가(이) 나에게 이런 말을 해 주면 좋겠다.

듣고 싶은 말	힘이 되는 말	기억하고 싶은 말	(　　　) 말

RE: 마인드 애착-관계 카드에서 문장이 보이도록
카드를 펼쳐 놓으세요.
그리고 천천히 살펴보면서 내가 생각한 대상이 나에게 해 주었으면
하는 마음을 표현하고 있는 문장을 선택해 보세요.
여러 장을 선택해도 좋습니다.

내가 위의 문장(들)을 선택한 이유는 무엇인가요?

혹시, 내가 원하는 문장인데 카드에 있지 않은 것이 있나요?

나를 표현하는 문장을 만들어 보세요.

RE: 마인드 애착-관계 카드에서 이미지 카드를 펼쳐 놓으세요.
그리고 천천히 살펴보면서 내가 생각한 대상이 나에게 해 주었으면 하는 이미지가 그려진 카드를 선택해 보세요.
여러 장을 선택해도 좋습니다.
이미지를 살펴보면서 나에게 올라오는 감정을 그림이나 글로 자유롭게 표현해 보세요.

내가 선택한 이미지는?

이미지를 보면서 느껴지는 감정은?

내가 상대방에게 원하는 이미지 또는 모습은 무엇입니까?

그 이유는?

마음 다시보기 다섯

관계 줄다리기

사람들과 지내다 보면 갈등이 일어나기 마련입니다.
가정이든 직장에서든 학교나 또 다른 모임에서든
사람이 모이면 갈등, 시기, 질투 등 복잡한 감정을 경험하게 됩니다.
나의 관계에서 마음의 힘을 쓰며 줄다리기하였던 경험을 떠올려 보세요.

현재 또는 자주 나와 줄다리기를 하고 있는 대상은 누구인가요?

나와 줄다리기를 하고 있는 대상의 얼굴 표정을 그려 넣고,
감정 상태와 생각을 말풍선에 적어 보세요.
나와 상대방의 관계에서 문제가 되었던 것은 무엇이었나요?
관계가 얽혀서 갈등이 일어났던 일들을 떠올려 보세요.
그리고 다음을 보며 빈칸을 채워 보세요.
너무 자세하게 생각하려고 하지 않아도 괜찮습니다.
떠오르는 만큼 생각해서 적어도 괜찮습니다.

나의 욕구		______ 의 욕구
나의 기대	VS	______ 의 기대
나의 생각		______ 의 생각

갈등이 일어날 만한 이유가 보이나요?
줄다리기의 결과는 어떠하였나요?

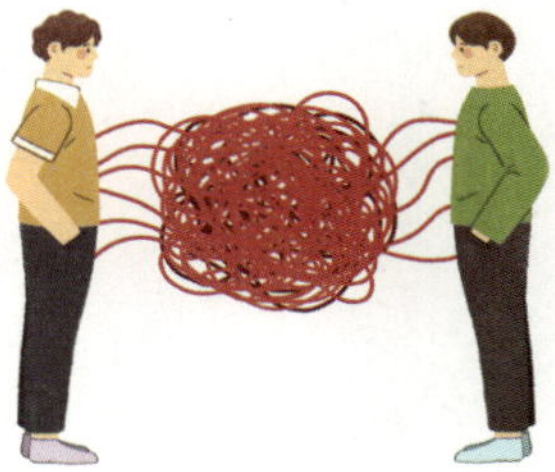

마음 다시보기 여섯

나와 너, 모두 OK!

지난 시간 상대방과 줄다리기하면서
힘든 감정 경험을 떠올렸습니다.
지금도 여전히 나는 줄다리기를 하며
어려운 관계에 있을 수도 있고,
해결된 문제가 있어 잠시 마음이
놓였을 수도 있습니다.
우리가 줄다리기를 하는 이유는
서로가 서로에게 사랑받으려 하고,
더 인정받고 싶은 마음 때문입니다.

나와 상대방 모두 OK가 되는 방법들을 찾아봅시다.
내가 관계를 회복하고 싶은 대상을 떠올려 보세요.

나와 같은 마음이기를 바라지만 상대방의 마음이
나와 다를 수도 있습니다.

나의 욕구와 ______의 욕구 균형 찾기
어떻게 하면 나와 ______ 모두의 마음이 편안해질까요?

- 다른 욕구:

- 욕구의 합의점(중간지점):

나와 상대방의 바라는 점이 같다면 좋겠지만,
서로가 다른 것을 원하고 있을 수도 있습니다.

나의 기대와 ______의 기대 균형 찾기
내가 바라는 것과 ______이 바라는 것 모두를 들어주려면 어떻게 하면 좋을까요?

- 다른 기대:

- 기대의 합의점(중간지점):

나와 상대방의 생각이 같다면 갈등이 일어나지 않겠지요.
그렇지만 서로의 생각과 입장이 다른 경우가 더 많습니다.

나의 생각과 ______의 생각 균형 찾기
나의 생각과 ______의 생각을 맞추려면 어떻게 하면 좋을까요?

- 다른 생각:

- 생각의 합의점(중간지점):

사랑을 주고받는 내가 되기 위한 준비!
나와 상대방의 관계 균형에서 찾을 수 있습니다.
상대방의 반응에 민감하게 응답하는 나로 변해야 할 필요도 있습니다.

상대방의 마음을 헤아리는 노력을 한 번 더 해 볼까요?
나에게 중요한 사람과 갈등을 경험했던 상황을 떠올려 보세요.

어떤 일이 있었나요?

지난 그때로 되돌아가 보겠습니다.
내가 알아주지 못해서 미안했던 상대방의 마음을 함께 이해해 보면 어떨까요?

상대방에게 공감을
전하는 메시지

상대방의 마음을
헤아려 주는 메시지

지금, 다시 만난다면 어떤 말을 해 주고 싶나요?

마음 다시보기 일곱

안정된 애착 - 관계 다지기

우리는 살아가면서 많은 새로운 관계들을 만나게 됩니다.
새로운 장면에서 낯선 사람들과 만나 친해지기까지
애써 노력하고 정성을 기울이면서,
마음을 쓰고 친밀감을 경험하게 됩니다.
나의 관계 패턴을 객관적으로 탐색해 보는 시간입니다.

새로운 사람을 만날 때 나는 이런 모습을 보입니다.

- 나의 모습(행동):

- 나의 느낌(감정):

- 나의 생각(사고):

=> 나에게 중요한 사람에게 기대하게 되는 것은 무엇인가요?

새로운 사람과 친해지고 난 후, 관계를 유지할 때
내가 가장 중요하게 생각하는 것은 무엇인가요?

관계 경험에서 내가 기쁨을 느낄 때 또는 사랑받는다고 느끼는 때를
떠올려 보세요.

대인관계에서 내가 견디기 힘들다고 느낄 때를 떠올려 보세요.

관계에서 갈등이 발생했을 때, 관계를 유지하기 위해
나는 어떠한 방식으로 해결해 왔나요?

때로는 혼자 있을 때도 있고,
때로는 누군가와 함께 있을 수도 있습니다.
지금까지 나는 혼자 있을 때 더 외로웠을 수도 있고,
함께 있을 때 더 견디기 힘들었을 수도 있습니다.
그러나, 사실 둘 다 괜찮은 나의 모습입니다.

외로움, 불안, 갈등, 의존과 긴장, 거절감 등
모든 것을 이겨 내고 극복하면서
관계 갈등을 해결해 나갈 수 있습니다.

앞으로 내가 나아가야 할 모습으로 표현해 보세요.

홀로서기의 나	함께 있는 나
• 생각 • 감정 • 행동	• 생각 • 감정 • 행동

앞으로 내가 가꾸어 나가야 할 관계 상황에서
위와 같은 내가 되기 위해,
필요한 것들은 무엇인가요?
떠오르는 대로 표현해 보세요.

RE: 마인드 애착-관계 카드의 키워드, 문장, 이미지에서
찾아도 좋습니다.

마음 다시보기 여덟

있는 그대로의 나

내가 보는 나와 내가 바라는 나의 모습은 어떤가요?
내가 원했던 모습으로 살아가고 있는지 생각해 봅시다.

내가 바랐던 나의 모습은 무엇이었나요?

내가 바라보는 현재의 나는 어떤 모습인가요?

내가 바랐던 나의 모습과 현재의 나는 얼마나 다른가요?

마음에 들지 않는 내 모습도 있습니다.
애착-관계 카드를 살펴보면서 내 모습이지만 마음에 들지 않는 나를 표현하는 키워드 또는 문장을 선택해 보세요.

키워드 / 문장

선택한 이유

내 마음에 드는 나의 모습은 무엇인가요?
나를 표현하는 키워드 또는 문장을 선택해도 좋고,
다양한 방법으로 자유롭게 표현해도 좋습니다.

마음에 들지 않는 나도
마음에 드는 나도
모두 "나"입니다.

Part 3. 애착관계 마무리

성숙한 대인관계는 안정된 애착-관계에서 출발합니다.
나의 소중한 사람들과의 안정애착 관계를 위해
온 마음으로 정성을 다해
마음을 들여다보고
마음을 느끼고
마음을 표현하였습니다.

아직도 부족하다고 느끼시나요?
완벽하진 않아도
있는 그대로의 모습으로
"나"를 만들어 가는 삶이
더 의미 있을 것입니다.

나에게 전해 주고 싶은 메시지를 마음껏 표현해 보세요.

Outro

애착-관계 마음여행을 마친 나 자신을 토닥토닥 어루만져 주세요.

세상에서 가장 좋고 가장 아름다운 것조차도 보이거나 만져질 수 없다.
그것들은 마음으로 느껴야만 한다.

- Helen Keller -

인간관계는 그 관계 속의 모두의 방식,
모두의 요구사항, 모두의 감정을 존중하는 것부터 시작된다.

- Henry Cloud -

우리는 다른 사람의 시선으로 세상을 보고 다른 사람의 입으로 말하지만
우리는 스스로의 마음으로 결실을 맺는다.

- Roy T. Bennett -

부록

다음은 감정을 표현하는 형용사입니다.

감동한	뭉클한	감격 스러운	벅찬	들뜬	황홀한	충만한	고마운
유쾌한	통쾌한	기쁜	반가운	행복한	따뜻한	감미로운	포근한
훈훈한	정겨운	기대에 부푼	친근한	뿌듯한	산뜻한	만족 스러운	상쾌한
후련한	든든한	흐뭇한	홀가분한	느긋한	편안한	담담한	친밀한
안심되는	가벼운	평화로운	자랑스러운	고요한	여유로운	진정되는	두근거리는
매혹된	재미있는	활기찬	짜릿한	신나는	용기 나는	흥분된	기운이 나는
걱정되는	암담한	염려되는	근심하는	신경 쓰이는	뒤숭숭한	무서운	섬뜩한
겁나는	두려운	진땀 나는	주눅 든	불안한	조바심 나는	긴장한	떨리는
초조한	불편한	거북한	겸연쩍은	곤혹스러운	멋쩍은	쑥스러운	언짢은
답답한	갑갑한	서먹한	어색한	찝찝한	슬픈	구슬픈	그리운
참담한	처참한	한스러운	비참한	안타까운	처연한	서운한	김빠진
애석한	야속한	낙담한	냉담한	섭섭한	외로운	고독한	공허한
허탈한	막막한	쓸쓸한	허한	우울한	무력한	침울한	피곤한
질린	혐오스러운	지친	성가신	무료한	힘든	좌절한	절망스러운
정떨어지는	멍한	혼란스러운	창피한	놀란	민망한	당혹스러운	부끄러운
속상한	약 오르는	분한	울화가 치미는	억울한	열 받는	고단한	끓어오르는

다음은 성격과 행동 특징을 표현하는 형용사입니다.

활동적인	다정한	사랑스러운	존경스러운	모험을 즐기는	애정어린	야심 있는	안목이 높은	속편한	신뢰할 수 있는
안정된	대담한	용감한	침착한	유능한	마음을 사로잡는	근심걱정 없는	배려하는	부단히 노력하는	마음이 따뜻한
쾌활한	똑똑한	자신감 있는	양심적인	사려 깊은	용기 있는	창의적인	호기심이 많은	통제가 잘 되는	지혜로운
대담한	느긋한	유쾌한	결의가 굳은	헌신적인	근면한	성실한	활기 넘치는	진심 어린	재치있는
세상 물정에 밝은	진취적인	생동감 넘치는	공평한	교양 있는	감정이입을 잘 하는	용기를 북돋아 주는	충직한	배짱 있는	보살피는
융통성 있는	너그러운	우호적인	재미있는	관대한	온화한	행복한	겸손한	유머러스한	이상주의적인
부지런한	건강한	기꺼이 돕는	정직한	상상력이 풍부한	독립적인	독창적인	탐구심이 많은	통찰력 있는	지적인
직관력이 있는	상냥한	친절한	태평스러운	걱정이 없는	호감이 가는	아는 것이 많은	활기 넘치는	충성스러운	예절 바른
어른스러운	힘센	의욕을 가진	깔끔한	관찰력 있는	마음이 열린	낙관적인	체계적인	독창적인	사교적인
참을성이 있는	인기 있는	긍정적인	현실적인	원칙에 입각한	자부심이 강한	회복력이 있는	합리적인	믿을 만한	사색적인
책임감이 있는	예리한	솜씨 좋은	맵시 좋은	어울리기 좋아하는	차분한	학구적인	성공한	도와주는	재능이 있는
빈틈없는	관대한	지칠 줄 모르는	수줍어하는	엄격한	수다스러운	고집센	말이 많은	비합리적인	공격적인
자기중심적인	냉정한	감정적인	신경질적인	생각 없는	욱하는	성격이 급한	까다로운	예민한	무례한
허세부리는	집착하는	강압적인	깐죽거리는	강압적인	즉흥적인	내향적인	거만한	주장이강한	산만한
속이는	못된	부정적인	염세적인	자유분방한	엉뚱한	이상한	얼빠진	무시하는	말없는

1 키워드 카드 활용 방법

활용법 1 애착-관계 유형 탐색

1. 애착-관계 키워드가 적힌 면을 펼쳐 놓고 살펴봅니다.
2. 한 장씩 읽어 보며, 나를 가장 잘 맞게 표현한다고 생각되는 키워드 카드를 선택합니다.
3. 여러 장 선택해도 좋습니다.
4. 카드 색깔별로 분류해 봅니다.
5. 가장 많이 선택한 색깔의 카드가 나의 애착-관계 유형을 표현하고 있는 키워드입니다.

활용법 2 나의 애착-관계 특징 탐색

1. 애착-관계 키워드가 적힌 면을 펼쳐 놓고 살펴봅니다.
2. 나를 가장 잘 맞게 표현한다고 생각되는 키워드 카드 3개를 선택합니다.
3. 뽑은 카드로 문장을 만들어 봅니다. (구체적일수록 좋습니다.)

   예) 따뜻한: 나는 나의 단짝과 내 고민을 이야기할 때 마음이 따뜻해짐을 느낍니다.
4. 단어를 선택한 이유와 만든 문장을 선택한 이유를 설명해 줍니다.

활용법 3 나의 파트너 애착-관계 탐색

1. 애착-관계 키워드가 적힌 면을 펼쳐 놓고 살펴봅니다.
2. 나에게 떠오르는 대상 또는 파트너가 있다면, 선택할 것 같은 카드를 선택해 보고 그 이유를 설명해 봅니다.
3. 나의 파트너가 혼자 있을 때 어떤 모습일지 상상한 후 해당 키워드를 선택합니다. 선택한 이유를 설명해 줍니다.
4. 커플 또는 집단상담에서 활용할 때에는 상대방이 관계에서 어떤 모습일지 상상한 후 해당 키워드를 선택합니다. 선택한 이유를 설명해 줍니다.

2 진술문 카드 활용 방법

활용법 1 나의 애착-관계 유형 탐색

1. 애착-관계 진술문이 적힌 면을 펼쳐 놓고 살펴봅니다.
2. 한 장씩 읽어 보며, 나를 가장 잘 맞게 표현한다고 생각되는 진술문 카드를 선택합니다.
3. 여러 장 선택해도 좋습니다.
4. 내 마음에 드는 카드를 색깔별로 분류해 봅니다.
5. 가장 많이 선택한 색깔의 카드가 나의 애착-관계 행동을 표현하고 있는 진술문입니다.

활용법 2 나의 애착-관계 특징 탐색

1. 진술문이 적힌 애착-관계 카드를 펼쳐 놓습니다.
2. 펼쳐 놓은 카드 중 무작위로 한 장을 선택합니다.
3. 카드에 적힌 진술문을 읽어 보며 자유롭게 답을 해 봅니다.

활용법 3 내가 생각하는 나, 타인이 생각하는 나

1. 진술문이 적힌 카드를 살펴보면서 떠오르는 키워드를 자유롭게 표현해 봅니다.
2. 카드를 뒤집어 적힌 키워드와 비교해 봅니다.
3. 내가 표현한 키워드와 카드에 적혀 있는 키워드가 같을 때와 다를 때를 비교하여 설명해 봅니다.

활용법 4 대인관계 속에서의 나의 애착-관계

1. 커플 또는 집단이 카드를 함께 사용할 경우, 상대방이 선택한 키워드 또는 진술문 카드를 살펴보고, 선택한 카드에 대한 자신의 생각 또는 의견을 나누어 봅니다.
2. 나를 잘 알거나 좋아하는 사람이 나를 설명하는 키워드를 떠올려 봅니다.
3. 카드를 천천히 살펴보면서 상대방에게 전달하고 싶은 키워드 카드 2~3개를 골라 봅니다. 그리고 그 이유를 설명해 봅니다.
4. 나를 불편해하거나 싫어하는 사람은 나에게 어떤 키워드가 적합할지 생각해 봅니다.
5. 그리고 나서 카드 2~3개를 골라 보고, 그 이유를 설명해 봅니다.

3 이미지 카드 활용 방법

활용법 1 나를 표현하는 이미지

1. 애착-관계를 표현하고 있는 이미지 카드를 펼쳐 놓고 천천히 살펴 봅니다.
2. 나의 마음에 와닿은 이미지 카드를 선택해 봅니다. 여러 장 선택해도 좋습니다.
3. 선택한 이유를 설명해 봅니다.
4. 다음으로는 마음이 불편해지는 이미지 카드를 선택해 봅니다.
5. 선택한 이유를 설명해 봅니다.

활용법 2 나의 관계를 표현하는 이미지

1. 애착-관계를 표현하고 있는 이미지 카드를 펼쳐 놓고 살펴봅니다.
2. 이미지 카드에 해당하는 질문 또는 키워드 카드를 선택해 봅니다.
3. 선택한 이유를 설명해 봅니다.

활용법 3 나의 파트너 이미지

1. 집단원 또는 파트너는 발표자에게 선물로 주고 싶은 이미지 카드를 선택합니다.
2. 선물로 선택한 이유를 설명해 줍니다.

활용법 4 관계 탐색 이미지

1. 애착-관계 이미지 카드를 펼쳐 놓고 살펴봅니다.
2. '관계'하면 떠오르는 이미지 카드를 선택해 봅니다.
3. 선택한 이유를 설명해 봅니다.

4 질문카드 활용 방법

활용법 1 애착 기반 상담 시 자기탐색 촉진하기

1. 질문 카드 25장 중에서 1번부터 차례대로 또는 무작위로 카드를 한 장 선택합니다.
2. 상담자가 큰 소리로 질문을 읽어 줄 수도 있고, 내담자가 직접 읽을 수도 있습니다.
3. 질문을 듣고 잠시 답을 생각해 봅니다.
4. 질문에 대한 답이 어렵거나 괴로울 때는 잠시 멈추고 심호흡을 한 후 다시 시작해도 됩니다.
5. 질문카드를 활용하다가 힘들어지면 중간에 멈추어도 됩니다.

활용법 2 커플 또는 집단상담 시 상호작용 촉진하기

1. 질문 카드 25장 중 1번부터 차례대로 또는 무작위로 카드를 한 장 선택합니다.
2. 서로 돌아가며 질문을 읽어 줍니다.
3. 질문에 대한 답을 생각해 보는 시간을 가져도 좋고, 떠오르는 대로 답해도 좋습니다.
4. 질문에 대한 답이 생각나지 않거나, 답이 어려운 경우 잠시 쉬어도 좋습니다.
5. 힘든 감정이 올라왔을 때는 심호흡을 하며 안정을 취한 뒤 다시 시작하거나 멈추어도 좋습니다.

RE: 마인드, 애착-관계 카드 유형 설명

1. "안정형" 애착-관계 유형: 초록

안정형은 어린 시절 주 양육자와 긍정적인 연결감을 경험하며 성장한 사람들에게 보이는 안정적인 자존감이 특징입니다. 낯선 사람과 환경에서도 적응하기 위해 자연스럽게 행동하고, 탐색하려고 합니다. 친밀한 사람들과 관계 형성을 하며 일과 사랑에서도 적절한 성취감을 경험합니다. 또한, 실패를 두려워하지 않고, 실패를 했다 하더라도 회복탄력성을 보이며, 안정된 관계를 위해 적극적으로 노력하는 모습을 보입니다.

2. "불안-의존" 애착-관계 유형: 주황

불안-의존형은 어린 시절 주 양육자와의 관계에서 충분히 괜찮은 모성(good-enough mother)의 경험이 부족하였거나, 따뜻한 돌봄을 경험하지 못한 상태로 성장하여, 애착 대상에게만 의존하려는 경향을 보이는 것이 특징입니다. 이들은 수동적이거나 무력한 모습을 보이면서 상대방으로부터 관심받기를 원합니다. 그리고 자신에게만 상대방의 관심을 관철하려는 행동을 하면서 애정을 요구하는 모습을 보입니다.

3. "불안-헌신" 애착-관계 유형: 그레이

불안-헌신형은 주 양육자와의 경험에서 충분한 돌봄을 받지 못했을 경우, 성인이 되어 그 반대로 애착 대상을 돌봄으로써 자신이 인정받고 사랑받으려는 모습을 보이는 것이 특징입니다. 자신의 모든 것을 다하여 돌보며 헌신하면서 상대방에게 몰두하지만, 상대방이 이러한 자신을 인정해 주지 않거나 원하는 만큼 사랑을 주지 않는다고 느낄 때는 오히려 분노를 보이며 상대방에게 모든 잘못을 돌리고 자신의 부정적 감정을 투사하는 모습을 보입니다.

4. "회피-거리두기" 애착-관계 유형: 보라

회피-거리두기형은 주 양육자에게서 무관심 또는 부정적인 감정 교류를 경험하였을 때 성인이 되어 대인관계에 무관심한 것이 특징입니다. 속 깊은 곳에서는 대인관계를 하고 싶기도 하지만, 어린 시절 양육자에게 다가갔다가 거절당한 경험으로 인하여 '거절에 대한 두려움'으로 일부러 회피하는 모습을 보입니다. 몇몇 성인들은 자신의 감정을 인식하거나 표현하는 데 어려움을 느끼기도 하고, 일부러 혼자 있으려고 하는 상황을 만들어 관계를 회피하는 모습을 보입니다. 그리고 주변에 따뜻하게 대해 주는 사람이 있다고 하더라도 쉽게 믿지 못하고 거리를 두며, 외로움마저 혼자 견디려 하고, 친해지기까지 오랜 시간이 걸리는 모습도 보입니다.

5. “회피-자기중심형” 애착-관계 유형: 파랑

회피-자기중심형은 무관심하고 부정적인 주 양육자의 태도에 오히려 반항하고, 자신의 요구에 대한 거절의 복수심으로 상대방을 자기 마음대로 휘두르려는 지배적인 모습이 특징입니다. 상대방이 자신의 마음대로 해 주지 않을 때 과하게 서운함을 보이거나, 분노하게 되고 나에게 얼마나 맞춰 주느냐에 따라 상대방의 호의를 판단하려고 합니다. 주변 상황을 자기 마음대로 하기 위해 자기 마음에 드는 사람들하고만 지내려고 하여 대인관계의 폭이 좁고, 타인과 뜻이 맞지 않을 경우 타협하거나 문제를 해결하기보다는 쉽게 손절하면서 아예 관계를 끊어 버리는 경우도 종종 보입니다.

참고문헌

- 김은정, 김진숙 (2022). 성인용 애착 척도 개발 및 타당화. 상담학연구, 23(6), 167-195.
- 문요한 (2018). 관계를 읽는 시간. 서울: 더퀘스트.
- 문요한 (2012). 관계의 언어. 서울: 더퀘스트.
- 박성덕, 이우경 (2012). 한국판 상태 성인 애착 척도의 신뢰도 및 타당도 연구. 신경정신의학, 51(4), 147-155.
- 이정은 역 (2024). 나는 내 안의 애착을 돌보기로 했다. 서울: 푸른숲. 오카다 다카시 원저.
- 이정환 역 (2017). 애착 수업. 서울: 푸른숲. 오카다 다카시 원저.
- 이지민 (2021). 한국판 성인애착 척도의 신뢰도 및 타당도 연구. 상담심리교육복지연구, 8(5), 171-185.
- Brennan, K. A., Clark, C. L., & Shaver, P. R. (1998). Self-report measurement of adult attachment: An integrative overview. In J. A. Simpson, & W. S. Rholes (Eds.), Attachment theory and close relationships(pp. 46-76). Guilford.
- Hazan, C., & Shaver, P. (1987). Romantic Love Conceptualized as an Attachment Process. Journal of Personality and Social Psychology, 52, 511-524.

저자 소개

최서윤

- 성균관대학교 아동학과(아동 임상 및 상담), 석사
- 숙명여자대학교 교육학과(상담교육), 교육학박사

- 한국상담심리학회 상담심리사 1급
- 여성가족부 청소년상담사 1급

- 현) 숙명여자대학교 교육대학원 상담교육전공 조교수
- 현) 사회복지법인 좋은집 자문위원, 이너스심리상담센터 협력 상담사

- 전) 홍익대학교 교육대학원 상담심리전공 초빙교수
- 전) 단국대학교 상담학과, 안양대학교 교육대학원, 나사렛대학교 심리재활학과 강사
- 전) 이든샘아동가족청소년상담센터 수퍼바이저, 강남대학교학생생활상담센터 수퍼바이저, 한국EAP협회 협력 상담사

육정원

- 횃불트리니티신학대학원대학교(기독교 상담학), 석사
- 숙명여자대학교 교육학과(상담교육), 교육학박사

- 한국상담심리학회 상담심리사 1급
- 한국상담학회 전문상담사 1급

- 현) 마음새움 심리상담연구소 소장

- 전) 단국대학교 상담학과 초빙교수
- 전) 횃불트리니티신학대학원대학교 기독교 상담학, 한성대학교 교양교직학부, 숙명여자대학교 교육학과 강사
- 전) 공감과 조율 심리상담센터 부센터장
- 전) (주)씨젠, GS칼텍스, 대검찰청 사내 상담사

애착–관계 워크북

초판발행 2026년 1월 12일

지은이 최서윤 · 육정원
펴낸이 노 현

편 집 김용순
기획/마케팅 허승훈
표지디자인 BEN STORY
제 작 고철민 · 김원표

펴낸곳 ㈜피와이메이트
서울특별시 금천구 가산디지털2로 53, 210호(가산동, 한라시그마밸리)
등록 2014. 2. 12. 제2018-000080호
전 화 02)733-6771
f a x 02)736-4818
e-mail pys@pybook.co.kr
homepage www.pybook.co.kr
ISBN 979-11-7279-141-4 93180

정 가 39,000원